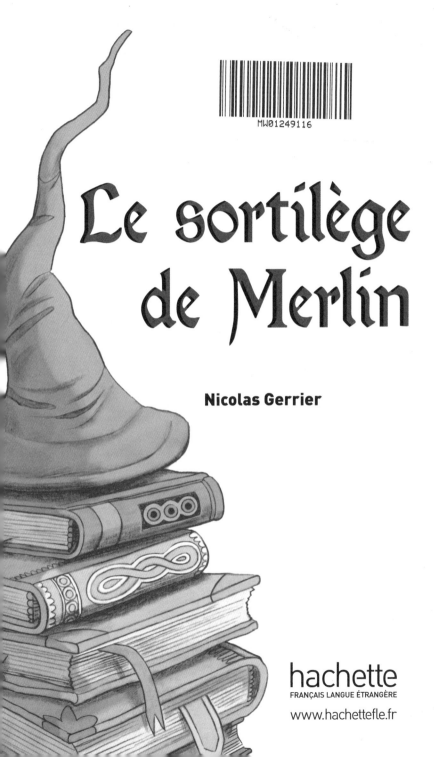

Le sortilège de Merlin

Nicolas Gerrier

hachette
FRANÇAIS LANGUE ÉTRANGÈRE

www.hachettefle.fr

Couverture : Anne-Danielle Naname

Conception de la maquette intérieure : Isabelle Abiven

Mise en pages : Anne-Danielle Naname, Pascale Deleval

Illustrations : Cécile Chicault

Remerciements aux adolescents qui ont bien voulu nous accompagner dans l'élaboration de ce titre : Jessie, Louève, Raphaëlle, Thibault et Elena.

ISBN : 978-2-01-401607-9

© Hachette Livre 2015, 58, rue Jean Bleuzen. CS 70007. 92170 Vanves

PAPIER CERTIFIÉ

Achevé d'imprimer en septembre 2023 en France par Chirat - N° 202308.0208
Dépôt légal : décembre 2015 - Édition 06 - 89/6646/9

Sommaire

Une drôle d'équipe

Nous sommes le mardi 6 septembre 2016. Il est neuf heures et demie du matin. Les élèves de la seconde A du lycée Saint-Exupéry sont réunis dans la forêt de Paimpont, en Bretagne, à trente kilomètres à l'ouest de la ville de Rennes. C'est le jour de la rentrée des classes et ils participent à la traditionnelle course-randonnée de leur classe.

Ce sont les professeurs de français, M. Le Goff, et d'EPS[1], Mme Cloarec, qui l'organisent chaque année. Tous les deux sont passionnés par l'histoire du Moyen Âge et les légendes bretonnes.

On donne parfois à la forêt de Paimpont le nom de Brocéliande, lieu imaginaire des aventures du roi Arthur, des chevaliers de la Table ronde, ou encore de Merlin l'Enchanteur et de Lancelot du Lac.

Le professeur de français a collé pour l'occasion une fausse barbe blanche sur son menton, posé un grand chapeau pointu sur sa tête et enfilé un long

---

1. EPS : Éducation Physique et Sportive.

manteau noir. Il ressemble au célèbre magicien Merlin. Quelques élèves jugent le déguisement ridicule mais la majorité trouve leur prof « trop cool ». Mme Cloarec, elle, n'est pas déguisée et porte sa tenue de sport habituelle.

Les adolescents forment un cercle autour de leurs professeurs et écoutent les explications. Le principe de la course est simple : il y a sept équipes de quatre élèves. Le but est d'arriver en premier au château de Comper, situé à environ une heure trente de marche.

Pour trouver leur chemin, les participants doivent résoudre quatre énigmes[2]. Elles correspondent à des lieux précis qu'ils doivent prendre en photo avec leurs téléphones portables.

– N'essayez pas de tricher[3] ! Nous avons préparé des questions différentes pour les sept équipes, précise M. Le Goff avec un sourire malicieux[4]. Mais, comme nous sommes de gentils professeurs, nous vous donnons un carnet pour vous aider. Vous y trouverez des indices[5] très utiles sur les légendes de Brocéliande et une carte de la forêt.

– Et si on se perd ? s'inquiète un élève.

– Vous avez vos téléphones portables ? J'ai indiqué mon numéro dans le carnet. Appelez-moi en cas de problème ! Mais cela n'arrivera pas. Vous êtes tous très intelligents et les énigmes sont très faciles.

---

2. Énigmes : devinettes.
3. Tricher : essayer de gagner sans respecter les règles.
4. Malicieux : farceur.
5. Indices : informations.

– On fait quoi si le roi Arthur nous enlève ? demande une fille.

La question provoque le rire de tous ses camarades.

– Merlin viendra vous sauver, répond le professeur en soulevant son grand chapeau. Bien, il est temps de former les équipes.

Les deux professeurs appellent les élèves un à un. Quatre équipes sont déjà formées quand Mme Cloarec appelle :

– Norah !

Une jeune fille fluette[6] s'avance. Beaucoup d'élèves aimeraient être dans son équipe parce qu'elle a une très bonne culture générale. Ses copains la surnomment « Madame je-sais-tout ». Sur son épaule, un perroquet, Wiki (en référence à l'encyclopédie Wikipédia), l'accompagne partout.

– Basile.

Le garçon fait trois mètres sur la roue arrière de son VTT[7] et dérape[8] juste devant Norah sous les cris enthousiastes des autres élèves. Un mètre quatre-vingts et quatre-vingt-dix kilos : Basile est impressionnant pour ses quinze ans et il est très fort sur son vélo. Il réalise de belles figures acrobatiques ! Il passe aussi beaucoup de temps devant des écrans car Basile est un fan d'informatique.

---

6. Fluette : mince.
7. VTT : vélo tout terrain.
8. Dérape : s'arrête en glissant.

– Un perroquet et un VTT… Je ne sais pas si le règlement de la course le permet, dit Mme Cloarec.

– Oh, madame, s'il vous plaît. Wiki ne peut quand même pas rentrer à vélo à la maison, dit Norah pour rire.

– Bon, pour cette fois, c'est d'accord ! Le prochain est… une prochaine : Audrey.

Audrey rejoint ses camarades sous les applaudissements. Elle est très populaire dans l'école. Elle, c'est le sport qui l'intéresse. Elle passe tout son temps libre à la piscine et sur le terrain de volley-ball. Son rêve ? Faire le tour du monde en kitesurf ! Audrey tape dans les mains de ses coéquipiers comme avant un match : « On va gagner ! ». Les trois se connaissent depuis la sixième[9] et sont de très bons amis.

– Alex.

---

9. La sixième : la première année du collège (11-12 ans).

Un jeune homme s'avance dans un grand silence. C'est un nouvel élève et tous les autres le dévisagent[10]. Alex ne sourit pas et salue son équipe d'un simple mouvement de la tête. Norah le trouve tout de suite très mignon. Il ressemble à l'acteur principal d'une série sur les vampires qu'elle adore. Audrey ne sait pas quoi penser de son attitude. Basile préfère ne pas le juger trop rapidement, c'est difficile d'arriver dans un nouveau lycée. Il tend la main à Alex qui l'accepte mollement. Norah et Audrey lui font une bise.

Quand tous les groupes sont prêts, les deux professeurs donnent le signal du départ de la course.

– Que les meilleurs gagnent et, surtout, amusez-vous bien ! Il est dix heures. Nous vous donnons rendez-vous au château de Comper au plus tard à midi trente.

Les concurrents tout excités ouvrent les enveloppes pour découvrir leurs premières énigmes.

Norah lit à voix haute pour ses coéquipiers : « Trois pierres gardent son secret sous le houx[11] : vit-il encore ? ».

Basile part vers la gauche à toute vitesse sur son VTT. Audrey court vers la droite.

– Hé, ho, vous allez où ? leur crie Norah.

---

10. Dévisagent : regardent avec attention.
11. Houx : petit arbre au feuillage piquant.

– Je cherche les trois pierres, répond Basile.

– Moi, le houx, complète Audrey.

– Mais attendez, on peut réfléchir un peu avant ! Et toi, Alex, tu en penses quoi ?

Alex se tait. Il garde les mains dans les poches de son jean et jette des coups d'œil rapides autour de lui.

– Alex ! Je te parle.

– Hein, quoi ?

– Tu penses quoi de l'énigme ?

– Je ne sais pas. Je… Qui me parle ?

– Pardon ?

– Les arbres ont dit quelque chose ?

Norah soupire. Un champion de VTT, une accro de sport et un garçon qui entend des voix : elle est tombée dans une drôle d'équipe[12]…

– Je vais devoir trouver la solution toute seule, se dit-elle en feuilletant le carnet sur les légendes.

Basile et Audrey reviennent en même temps cinq minutes plus tard.

– Rien !, disent-ils en chœur[13].

– Évidemment, répond Norah. On doit d'abord décider dans quelle direction aller ! Je crois avoir une piste. Il y a pas loin d'ici…

---

12. Une drôle d'équipe : une équipe pas ordinaire.
13. En chœur : ensemble, en même temps.

Alex ne l'écoute pas et marche tout droit.

– Alex, attends ! Tu vas où ?

– C'est par là. Je le sens.

– Oh, il est complètement fou, s'énerve Norah. Faut le dire aux profs, on ne peut pas faire équipe avec lui.

Wiki agite ses ailes et répète : « Iléfou, iléfou ». Audrey tente de calmer Norah :

– Tu veux aller dans quelle direction, toi ?

Norah regarde une nouvelle fois sa carte et montre la direction que vient de prendre Alex.

– Tu vois, ce garçon n'est peut être pas fou, conclut Audrey. Rattrapons-le !

Chapitre 2

La morsure

– **S**top ! crie Norah de toutes ses forces.

Alex se retourne aussitôt :

– Qu'est-ce qui se passe ?

– Ça fait dix minutes qu'on marche sans savoir où on va. Est-ce qu'on peut réfléchir tous les quatre ?

– Moi, je ne marche pas, je roule, répond Basile.

– Moi, je marche mais je préférerais courir, enchaîne Audrey.

– Et moi, je sais où on va, conclut Alex.

Norah est énervée. Ils font la course ensemble, oui ou non ? Wiki, son perroquet, insiste :

– Stop, énigme, stop.

– Il y a un bouton pour le faire taire[14], ce piaf ? demande Alex.

– Un peu de respect pour mon perroquet, Alex ! Wiki n'est pas un « piaf » mais un oiseau tropical !

Audrey calme la situation. Ils ne vont pas se disputer

---

14. Taire : arrêter de parler.

le jour de la rentrée. Norah a raison, ils doivent faire la randonnée avec un esprit d'équipe. Norah sourit et relit la question : « Trois pierres gardent son secret sous le houx : vit-il encore ? ». Basile propose de chercher sur Internet et commence à pianoter sur son portable. Norah est d'avis d'utiliser leurs propres cerveaux. Elle a trouvé une photo du tombeau de Merlin l'Enchanteur dans le carnet. Avec trois pierres et un arbuste[15], elle correspond tout à fait à la description de l'énigme. D'après la carte, le tombeau se situe à environ deux kilomètres vers le sud.

– Fantastique, t'es la meilleure, s'enthousiasme Audrey.

Les quatre camarades s'enfoncent[16] dans la forêt. Sur le chemin, Audrey, Norah et Basile posent des questions à Alex pour apprendre à le connaître. Au début, le garçon répond simplement par oui ou par non. Puis, petit à petit, il devient plus bavard : il habitait Lyon et vient de déménager à Rennes avec toute sa famille. Il est fils unique et n'a pas beaucoup d'amis.

– À part les arbres ? demande Norah en souriant.

– C'est vrai. J'ai parfois l'impression de communiquer avec la nature. Mais je n'aime pas parler de ça. On se moque[17] trop de moi.

– Je comprends, dit Basile. Mais les arbres avaient raison : nous y voilà !

---

15. Arbuste : petit arbre.
16. S'enfoncent : avancent dans la forêt.
17. Se moque : rit avec méchanceté.

Il n'y a pas de doute. Trois grosses pierres et un houx, exactement comme sur la photo. Audrey saute sur la pierre de gauche et Basile fait une figure acrobatique sur celle de droite.

– Un peu de respect, dit Norah. C'est une tombe.

– Tu crois aux légendes, toi ? éclate de rire Basile. On regarde sous ces pierres pour voir si Merlin est là ?

– Elles sont trop lourdes. Faisons la photo pour les profs.

Les quatre amis s'accroupissent devant les pierres et Basile prend un selfie de groupe[18] avec son téléphone.

Alex tape du pied sur le sol. Basile saute plusieurs fois de tout son poids :

– Debout Merlin ! Tu vis encore ou pas ?

Wiki, le perroquet de Norah, bat des ailes et pousse des cris aigus. Norah lui ordonne d'une voix ferme de se tenir tranquille. Elle ne doit pas laisser son oiseau faire n'importe quoi. Mais l'animal ne s'arrête pas.

– Il sent un danger, traduit Alex. Chut, écoutez. Quelque chose se rapproche de nous très vite.

– C'est le houx qui te l'a dit ? se moque Basile.

– Regardez ! crie Audrey. Qu'est-ce que c'est que ça ?

Un brouillard[19] épais sort de terre, juste en dessous

---

18. Selfie de groupe : photo de groupe (prise par un membre du groupe).
19. Brouillard : fumée blanche humide.

des [trois grosses pierres.] Il enveloppe bientôt les quatre adolescents. En quelques secondes, ils ne voient plus rien. Effrayés, ils se serrent les uns contre les autres.

– Ah ! Ma jambe ! hurle alors Audrey. On m'a piquée !

– Quoi ? Une fourmi ou une guêpe ? demande Basile.

– Je ne sais pas. Oh ! Ça fait mal !

À son tour, Norah sent un animal monter sur son pantalon. Un serpent ! Alex lui dit de ne pas bouger. Il attrape le reptile et le jette violemment à terre. [Basile tente de le bloquer avec la roue de son vélo.] La bête disparaît dans le sol.]

– Oh ! C'est horrible, le venin[20] d'un serpent peut provoquer la mort en moins d'une heure, panique

---

20. Venin : poison.

Norah. Ma pauvre Audrey, qu'est-ce que tu vas devenir ?

Audrey a la tête qui tourne et tombe par terre.

– C'est pas très sympa Norah, s'énerve Basile. Tu peux pas garder ta science pour toi parfois ? Audrey ? Audrey, tu m'entends ?

La jeune fille ne répond pas. Basile s'agenouille près d'elle et lui donne une grande gifle[21].

– Hé, doucement ! Tu lui fais mal.

Mais la méthode fonctionne : Audrey ouvre les yeux. Elle a soif, elle demande de l'eau. Ses paroles rassurent ses camarades. Mais les suivantes les inquiètent beaucoup.

– Fermez la fenêtre, j'ai froid. La porte aussi, sinon les perroquets vont me voler mes jouets.

– Qu'est-ce qu'elle raconte ? demande Alex.

– Elle délire, explique Norah. C'est la première phase. Après, elle va commencer à se manger les doigts et…

– Oh, tais-toi ! disent les garçons en chœur.

Audrey hurle de douleur et perd de nouveau connaissance. Basile s'énerve sur son téléphone. Il n'y a pas de réseau. Les autres vérifient et ne trouvent pas de signal non plus. Impossible d'appeler les secours[22] ou leurs professeurs. Ils doivent se débrouiller[23] tout

---

21. Gifle : claque sur la joue.
22. Les secours : de l'aide.
23. Se débrouiller : régler le problème.

seuls. Ils ne sont pas très loin du point de départ et peuvent y retourner rapidement. Mais il n'y a sans doute plus personne. Basile et Norah commencent à paniquer. Il n'y a pas de temps à perdre s'ils veulent sauver leur camarade. Ils doivent prendre une décision. Alex, lui, reste étrangement calme. Il pense pouvoir retrouver la bonne direction car il a un bon sens de l'orientation. Mais il sent que la nature se transforme.

Il entend des dizaines de voix qui chuchotent mais ne les comprend pas. Sont-elles hostiles ou amicales[24] ?

– Tu pourrais demander aux arbres de nous aider ? Norah trouve sa question idiote mais elle est désespérée et cherche toutes les solutions possibles.

Alex lui fait signe de se taire. Il sent une présence. Ils ne sont plus seuls. Une personne les observe… Qui ? Cette personne leur veut-elle du bien ou du mal ?

– Où êtes-vous ? Qui êtes-vous ? Que voulez-vous ? crie-t-il.

À ce moment précis, le brouillard autour d'eux disparaît. Ils voient de nouveau la forêt. Les pierres au-dessus de la tombe de Merlin ont bougé et un gros trou est apparu dans le sol. Un homme avec une longue barbe blanche, un manteau noir et un chapeau pointu sur la tête, leur demande d'une voix grave :

– Vous avez besoin d'aide ?

---

24. Hostiles ou amicales : ennemies ou amies.

Chapitre 3

Les disparus

Basile et Norah pensent reconnaître leur professeur de français sous le déguisement du vieil homme. Ils sont furieux :

– Ce n'est pas drôle M. Le Goff. On a eu très peur ! Un serpent a attaqué Audrey !

Basile s'approche de lui et tire sur la longue barbe blanche mais elle ne bouge pas. Les adolescents regardent le visage de l'homme de plus près et constatent leur erreur :

– Si vous n'êtes pas M. Le Goff, qui êtes-vous ?

– Quelle question ! Je suis Merlin, vous ne me reconnaissez pas ? Moi, ça fait longtemps que je vous attends. Je suis très heureux de vous rencontrer. Dépêchons-nous, votre amie a besoin de moi, je suis le seul à pouvoir la sauver. Suivez-moi.

Merlin descend l'escalier qui est apparu dans le trou entre les trois pierres et disparaît sous terre. Norah, Basile et Alex se regardent. Ils ne comprennent rien. Cet homme est-il vraiment Merlin l'Enchanteur, le héros des légendes bretonnes ? La question est stupide. Les personnages de contes n'existent pas dans la vraie

vie. Mais il leur a parlé, comment est-ce possible ?
Doivent-ils le suivre ? N'est-ce pas dangereux ? Le
brouillard a disparu, ils peuvent retrouver leur chemin
maintenant mais Merlin est peut-être le seul à pouvoir
sauver Audrey... Que faire ?

Audrey pousse des cris de douleur. Elle a mal et
recommence à dire des choses incompréhensibles[25].
Ils ne peuvent plus attendre. Alex prend Audrey dans
ses bras et descend les escaliers pour retrouver
Merlin. Basile et Norah le suivent et le passage se
referme derrière eux.

Une centaine de marches plus bas, ils entrent
dans une grande salle pleine de bougies. Il y a des
tables couvertes de livres anciens, des vases transpa-
rents remplis de liquides de toutes les couleurs, une
cheminée dans laquelle brûle un feu, un chaudron

25. Incompréhensibles : qu'on ne comprend pas.

rempli d'un liquide vert et rouge… C'est comme dans un film !

Basile pose Audrey sur un lit en bois. Merlin observe la morsure et sourit. Il sait comment la guérir. Il attrape différents bocaux et en sort des ingrédients qu'il jette dans le chaudron. Puis il mélange le tout à l'aide d'une grande cuillère.

Les amis le regardent, incapables de parler. Ils sont sous le choc ! Où sont-ils ? Que se passe-t-il ? Sont-ils en train de rêver ? Mais non, tout ceci est bien réel. Merlin chantonne, il a l'air heureux. Quelle étrange potion prépare-t-il ?

– Voilà. C'est prêt.

Il fait boire Audrey puis donne un verre aux trois autres adolescents qui protestent.

– On va très bien, dit Basile. On est un peu perdus avec tout ça mais on va très bien. Je peux vous poser une question, s'il vous plaît ?

– Oui, bien entendu.

– Vous êtes bien Merlin l'Enchanteur, le magicien des contes ? Comment pouvez-vous exister, en vrai ? Et pourquoi ça fait longtemps que vous nous attendez ?

– Ah, ah. Bois et tu comprendras.

Ils boivent tous la potion. L'effet est immédiat : Basile a la tête qui tourne, la vue de Norah se trouble[26], Alex ne tient plus sur ses jambes. Les quatre amis tombent dans un profond sommeil. Merlin siffle trois fois et un serpent apparaît. Le magicien l'attrape et lui dit tout bas :

– Tu as fait du bon travail, je vais bientôt pouvoir sortir de cette prison.

Quand Basile rouvre les yeux, il est allongé dans l'herbe et il a mal à la tête. Il se lève et voit ses trois camarades près de lui. Tous sont en train de se réveiller. Que leur est-il arrivé ? Ils se souviennent des mêmes événements : le brouillard, le serpent, Merlin et la potion. Audrey inspecte sa jambe. Elle n'a plus de trace de morsure. Elle ne ressent plus de douleur.

---

26. La vue de Norah se trouble : Norah voit moins bien.

Alex vérifie le tombeau. Les pierres n'ont pas bougé et il n'y a pas d'escalier visible. Ont-ils rêvé ? Quatre personnes peuvent-elles faire le même rêve en même temps ? Impossible. Mais alors, cela veut dire qu'ils ont réellement rencontré Merlin l'Enchanteur ?

Basile capte de nouveau un signal sur son téléphone. Il essaie de faire le numéro de M. Le Goff mais tombe sur un message d'erreur :

– Le numéro que vous demandez n'est pas attribué.

Son téléphone est peut-être cassé. D'ailleurs, la date du jour et l'heure ne s'affichent pas correctement. Les chiffres défilent comme sur un compteur. Il tente d'appeler plusieurs numéros dans ses contacts. Mais le résultat est identique, toujours le même message. Il essaie aussi sans succès de se connecter sur Internet.

– Peut-être un phénomène magnétique lié au pôle nord de la Terre…

– Ça va, Norah, garde ta science pour les profs.

– Rendons-nous au plus vite au point d'arrivée

sans passer par les autres énigmes, propose Audrey. M. Le Goff a certainement une explication.

– On a peut-être fait un petit tour dans une légende qui date du Moyen Âge, dit Alex. Il faut parfois croire l'inimaginable.

– N'importe quoi ! répond Audrey.

– Alex a raison. Vous avez entendu parler des mondes parallèles et des voyages dans le temps ? La physique explique…

– NORAH ! hurle Basile.

Norah en a assez. Pourquoi ne peut-elle pas partager simplement ses connaissances ? Mais le sourire d'Alex la réconforte. Peut-être que lui, il la comprend ? Heureuse, elle consulte la carte. Le château de Comper, le point d'arrivée, n'est pas loin. Elle trouve même un raccourci[27] sur la carte. Ils ont sans doute dormi plusieurs heures et les autres équipes ont certainement déjà terminé le parcours. Ils vont être « bons derniers » et tout le monde va se moquer d'eux.

Pourtant, vingt minutes plus tard, quand ils arrivent à destination, il n'y a personne pour les accueillir. Ils crient le nom de quelques copains et de leurs professeurs. Sans succès. Cela ne ressemble pas à M. Le Goff et Mme Cloarec d'abandonner des élèves.

– En tout cas, l'endroit est magnifique. Regardez cet étang ! dit Alex.

---

27. Raccourci : chemin plus court.

– Étrange, les feuilles des arbres sont jaunes et tombent déjà, remarque Audrey. Un peu tôt pour septembre.

– La faute au réchauffement climatique. J'ai lu que…

Norah ne finit pas sa phrase. On va encore lui crier dessus.

– Tu as lu quoi ? demande Alex.

Norah sourit et continue son explication quand Audrey l'interrompt :

– Venez voir ! Vite !

La jeune fille se trouve devant un dolmen[28] planté à droite de l'entrée du château. Son visage est pâle. Comme hypnotisée, elle fixe une plaque collée sur la pierre : « En mémoire d'Audrey, Norah, Basile et Alex, disparus le 6 septembre 2016 lors d'une sortie scolaire. Nous ne vous oublierons jamais ». Leurs quatre photos et des messages d'amitié de leurs camarades recouvrent toute une face du monument.

---

28. Dolmen : monument préhistorique constitué de grandes pierres.

Chapitre 4

Le Livre de leur histoire

Les quatre amis restent de longues minutes devant la plaque sans comprendre. On leur fait certainement une blague. Qui ? Toute la classe sans doute. Mais ça suffit maintenant. Ils crient :

– C'est bon, on ne trouve plus ça drôle. Où êtes-vous cachés ?

Des rires éclatent alors de l'autre côté du château. Les quatre camarades s'y précipitent. Ce sont cinq adultes, deux hommes et trois femmes, qui font un jogging. Voir des personnes normales les rassure. Norah leur adresse la parole :

– Bonjour. On est contents de vous rencontrer. Je peux vous poser une question, s'il vous plaît ? Nous sommes des élèves de…

Mais les sportifs ne font pas attention à la jeune fille. Ils continuent leur course. Ils s'approchent d'Audrey et d'Alex sans ralentir, au risque de les bousculer. Les deux adolescents se protègent le visage. Mais cela est inutile. Les joggeurs transpercent[29] leur corps comme un rideau de fumée.

– Vous avez vu ça ? Ce sont des fantômes ou quoi ?

Basile les rattrape sur son vélo en quelques coups de pédales et se place devant eux. Rien à faire : les coureurs ne le remarquent pas et le transpercent aussi facilement.

À cet instant, la porte du château s'ouvre. Une vieille dame apparaît. Elle tient un petit chien en laisse.

– Tu vois, Mikou, on a bien fait de venir, c'est un très beau musée. Toutes ses légendes bretonnes sont merveilleuses !

Mikou regarde sa maîtresse et tire la langue : pas sûr qu'il aime les musées.

– Madame, madame ! crie Norah.

Mais la vieille dame ne réagit pas. Audrey essaie de lui attraper le bras : impossible. Elle lui donne des coups de poing et envoie un grand coup de pied dans Mikou mais rien ne se passe.

– C'est NOUS qui sommes les fantômes ! dit Alex, effrayé.

Mikou tire sur sa laisse. Il entraîne la vieille dame vers le dolmen et lève la patte.

– Arrête, petit diable. Tu ne peux pas faire pipi ici. Pas sur ces pauvres jeunes gens. Cela fait six ans maintenant ! Disparus, pschitt, envolés. Quel malheur !

---

29. Transpercent : traversent.

Tu comprends pourquoi je te promène en laisse[30] ? Je ne veux pas te perdre. Il se passe des choses étranges dans cette forêt... Viens, on va déjeuner.

Les quatre camarades ont soudain très peur : ils sont donc en 2022 et ont disparu depuis six ans ! Qu'est-il arrivé dans la grotte de Merlin ? Quel sortilège[31] leur a lancé le magicien avec sa potion ?

Basile hurle, Norah pleure, Audrey court dans tous les sens. Ils ne comprennent rien à cette histoire. Sont-ils fous ? Alex leur demande de se calmer :

– Je crois comprendre : nous sommes devenus des personnages de contes. Regardez ! Au centre de l'étang !

Un magnifique château de cristal sort lentement de l'eau. Les quatre adolescents restent de longues minutes sans rien dire. Puis, ils entendent une petite voix derrière eux :

– Je ne vous connais pas. Qui êtes-vous ? Que faites-vous ici ?

Une jeune femme, habillée d'une robe blanche, les regarde, étonnée. Des papillons volent au-dessus de sa tête.

– Et vous ? répond Basile.

– Je suis Viviane.

– La... fée Viviane ? s'étonne Norah qui a lu son portrait dans le carnet donné par les professeurs.

---

30. Laisse : lien avec lequel on promène un animal.
31. Sortilège : mauvais sort.

– On m'appelle aussi « la Dame du lac ». Mon château vous intéresse ?

Norah lui raconte leur histoire. La fée prend un air découragé.

– Ce vieux fou essaiera donc toujours de se libérer.

Viviane raconte à son tour son histoire. C'est elle qui a enfermé Merlin dans le tombeau. Elle ne sait

plus vraiment depuis combien de temps. Quelques millénaires, sans doute. Elle ne veut pas expliquer pourquoi, ce sont ses affaires[32]. Elle pense parfois le libérer. Et puis elle change d'avis. C'est à Merlin de trouver comment se libérer. Il se croit le plus doué et le plus sage mais il n'arrive pas à sortir de sa prison. La vérité, c'est qu'il y a un moyen très facile de sortir mais Merlin n'a pas encore trouvé. Viviane est peut-être plus intelligente que lui.

– Vous n'êtes pas encore tout à fait des person-nages de mon univers. Mais vous êtes en train de le devenir. Merlin veut vous enfermer ici et prendre votre place dans votre monde imaginaire.

– C'est votre monde et celui de Merlin qui est imaginaire, pas le nôtre ! se défend Norah.

La fée rit. Elle trouve les mortels amusants. Ils se croient supérieurs et uniques.

Mais pas de temps à perdre en discussion. Ils sont pressés. Les quatre jeunes gens commencent déjà à se transformer : les cheveux de Norah poussent et s'enroulent autour de sa taille, les ailes de Wiki grandissent, Basile rapetisse[33] de quatre-vingt cen-timètres et son nez s'allonge[34], les oreilles d'Audrey s'élargissent[35] et deviennent pointues, une armure apparaît sur le torse d'Alex.

---

32. Ce sont ses affaires : c'est personnel.
33. Rapetisse : devient plus petit.
34. S'allonge : devient plus long.
35. S'élargissent : deviennent plus larges.

– Il existe une seule solution pour vous sauver : détruire le livre de votre histoire à l'aide d'Excalibur.

– Exca… quoi ? demande Basile. C'est un logiciel antivirus ?

– L'épée magique du roi Arthur, idiot, réagit Norah. Je t'expliquerai. Mais où chercher l'épée et le livre ?

– Visitez mon château… Je vous attends près de l'étang du Miroir aux Fées, à l'entrée du Val sans Retour, dit-elle avant de disparaître.

Les quatre amis se précipitent vers le château de cristal et font deux équipes : Norah et Audrey se lancent à la recherche du livre, Alex et Basile cherchent l'épée.

La bibliothèque est située au deuxième étage. Elle est immense. Il y a des milliers de livres. Comment reconnaître le bon ? Norah et Audrey en feuillettent des dizaines. Les histoires parlent d'êtres et de mondes fantastiques, mais pas de rapport avec leur histoire. Les deux filles n'ont pas le temps de tous les lire. Comment faire ? Wiki quitte alors l'épaule de Norah. Il attrape de son bec pointu des centaines de livres qu'il lance dans les airs. Tous s'écrasent au sol.

L'un d'eux tombe juste devant Norah. Le titre est intéressant : *Le sortilège de Merlin*. Elle l'ouvre et reconnaît l'histoire : c'est la leur ! Elle tourne les pages. Des phrases apparaissent sur le papier comme par magie. Norah lit à haute voix :

« *...Des phrases apparaissent sur le papier comme par magie. Norah lit à haute voix. Pendant ce temps,*

Alex et Basile font face au chevalier Lancelot. Au-dessus de sa tête, Excalibur flotte dans les airs.

Basile monte sur son vélo et Alex monte sur ses épaules. Basile pédale de toutes ses forces. À trois mètres de Lancelot, Basile freine violemment. La roue arrière quitte le sol, Alex est propulsé dans les airs et le vélo réalise un salto[36] par-dessus la tête de Lancelot. Alex attrape l'épée et continue son vol. Basile donne quatre coups de pédale et réussit à réceptionner son ami…» Ils ont réussi, dit Norah. Il faut sortir au plus vite du château.

On entend alors une explosion. Les murs tremblent. Le plafond éclate et des milliers de morceaux de cristal tombent sur les deux adolescentes. Elles quittent la bibliothèque et s'enfuient à toute vitesse. Elles descendent des escaliers, courent dans des couloirs interminables[37] et traversent des dizaines de pièces. Tout s'effondre[38] autour d'elles.

Enfin, elles retrouvent Basile et Alex dans un immense salon. Mais leur joie est de courte durée. Derrière les deux garçons, des centaines de créatures maléfiques[39] sont à leur poursuite.

– Ne vous retournez surtout pas ! Courez ! S'ils nous rattrapent, nous sommes perdus[40], leur crie Alex.

---

36. Salto : une figure acrobatique.
37. Interminables : sans fin.
38. S'effondre : tombe.
39. Maléfiques : qui leur veulent du mal.
40. Nous sommes perdus : c'est fini pour nous.

– Oh, non, s'écrie Norah. Wiki est resté dans la bibliothèque. Je dois aller le chercher.

– Impossible, répond Alex. Tu n'y arriveras pas. C'est trop dangereux. Il faut sortir d'ici au plus vite.

Alex prend la main de la jeune fille et l'entraîne avec lui.

Chapitre 5
Bons derniers

Norah, Audrey, Basile et Alex sont à bout de souffle[41]. Un interminable couloir les sépare de la porte du château. Leurs poursuivants poussent des hurlements terrifiants et sont sur le point de les rattraper. Basile sort son téléphone et commence à les filmer.

– Pas le temps de s'amuser, lui crie Audrey.

– Je vais faire un gros buzz[42] sur Internet !

Au même instant, un monstre à trois têtes plante ses dents dans les deux roues de son VTT. Basile roule à terre et se relève aussitôt :

– Ça ne va pas, non ? Un vélo tout neuf !

– Je crois qu'il s'en moque, hurle Alex.

Audrey attrape la main de Basile et l'entraîne avec elle. Les quatre amis passent enfin la porte du château. Derrière eux, dans un bruit terrible, l'édifice s'effondre

---

41. Sont à bout de souffle : respirent avec difficulté.
42. Faire le buzz : avoir du succès dans les médias et sur les réseaux sociaux.

entièrement sur leurs poursuivants. Les adolescents se laissent tomber au sol. Ils sont épuisés[43] mais ont réussi !

Norah est triste. Elle appelle Wiki plusieurs fois. Mais l'oiseau ne revient pas. Alex essaie de la rassurer :

– Il a réussi à sortir lui aussi, j'en suis sûr.

– Où est-il alors ?

– Il a eu peur des horribles créatures et se cache dans la forêt.

– J'espère que tu as raison.

Ils ne peuvent pas se reposer très longtemps. Ils savent que le temps est compté. Ils doivent maintenant retrouver Viviane. Norah repère le Val sans Retour et l'étang du Miroir aux Fées sur la carte. Ils se mettent en route. Après dix minutes de marche, le chemin devient de plus en plus difficile. Les arbres se font rares et des rochers pointus forment des murailles de chaque côté du sentier.

– Ces rochers me font penser au dos d'un dragon, dit Audrey. Vous savez les piques sur sa peau. Comment on les appelle déjà ?

– Des écailles, répond Norah.

– Ah oui, les écailles du dragon, dit Basile. Et si je plante Excalibur là, par exemple, va-t-il se réveiller ?

– Ne fais pas l'idiot ! réagit Alex. Nous sommes encore dans un monde imaginaire.

---

43. Épuisés : très fatigués.

Trop tard : la terre se met à trembler. Le sol se soulève sur des dizaines de mètres. Audrey avait raison, ils sont bien sur le dos d'un dragon ! L'animal tourne son énorme gueule[44] vers eux.

– La température du feu peut atteindre les deux mille degrés[45], dit Norah.

– Merci, répond Basile. C'est important de connaître ce détail juste avant de partir en fumée.

Le dragon les renifle[46] un par un. Puis, il dit d'une voix grave :

– Viviane vous attend. Venez, je vous emmène jusqu'au Miroir aux Fées.

---

44. Gueule : bouche.
45. Degrés Celsius.
46. Renifle : sent.

Les quatre amis poussent un soupir de soulagement. Les dragons des légendes ne jouent donc pas toujours avec le feu.

Viviane, les pieds dans l'eau, les accueille avec un grand sourire.

– Je vois que tout s'est bien passé. Bravo ! Vous avez réussi la première épreuve. Il vous reste à détruire le livre pour retrouver votre monde. Cet étang est la porte entre nos deux univers.

– Pourquoi ne libérez-vous pas Merlin ? demande Alex.

– Ce sont mes affaires, je vous l'ai dit. Dépêchez-vous ou il sera trop tard.

Alex se tourne vers ses amis :

– Vous ne trouvez pas injuste de laisser ce vieux Merlin enfermé sous la terre ? Peut-être pouvons-nous l'aider à retrouver la liberté ?

– Tu es fou ? s'emporte Basile. Tu veux rester enfermé dans un monde imaginaire ?

– Je sens plein de choses positives dans la forêt. Je m'y sens bien.

– Ah oui ? Et les créatures du château ? Et le dragon ? Ça ne va pas la tête[47] ? Moi, je repars.

Basile prend Excalibur et frappe le livre de toutes ses forces. Rien ne se passe. Norah essaie à son tour. L'épée est lourde et elle ne peut donner qu'un

---

47. Ça ne va pas la tête ? : Tu es fou ou quoi ?

petit coup. Audrey et Alex ne font pas mieux. C'est Norah qui trouve la solution :

– Nous oublions l'essentiel : nous sommes une équipe et nous devons vaincre[48] en équipe.

Les quatre camarades prennent ensemble l'épée et frappent le livre d'un geste commun. Une lumière étincelante jaillit[49] du livre et les aveugle[50], puis un souffle puissant propulse les amis dans l'eau de l'étang.

✳ ✳ ✳ ✳ ✳ ✳

La sonnerie d'un téléphone réveille Basile. Il a du mal à ouvrir les yeux. Alex le secoue, puis il fait de même avec Norah et Audrey. Devant eux, le Miroir aux Fées a l'air d'un étang tout à fait normal.

---

48. Vaincre : gagner.
49. Jaillit : sort.
50. Les aveugle : les éblouit, les empêche de voir.

Basile vérifie tout de suite la date et l'heure sur l'écran de son téléphone : 6 septembre 2016, quatorze heures trente. Ils sont revenus dans le présent ! Les quatre adolescents se serrent fort les uns contre les autres et crient leur joie : leur cauchemar est terminé ! Basile a une vingtaine de messages de M. Le Goff, de Mme Cloarec, des copains. Tout le monde les cherche.

Ils se mettent en route et, après une trentaine de minutes de marche, ils arrivent au château de Comper. Les autres participants les accueillent avec des sifflets : ils sont bons derniers mais leurs professeurs sont rassurés. Les questions sont nombreuses. Ils ne savent pas quoi répondre. Puis Norah se lance :

– Merlin nous a ensorcelés[51], on a rencontré la fée Viviane, volé Excalibur à Lancelot dans un château de cristal et détruit le livre de notre histoire.

Tout le monde éclate de rire.

– Je suis heureux de voir que tu as beaucoup d'imagination, Norah, dit M. Le Goff. Cela promet des devoirs intéressants cette année.

– Mais enfin, monsieur, vous croyez aux légendes de Brocéliande quand même ?

– Bien sûr, mais je laisse les contes où ils sont : dans les livres et les rêves, pas dans la vie réelle. Vous êtes les derniers de la course, ce n'est pas un drame[52], acceptez-le.

---

51. Nous a ensorcelés : nous a jeté un sort.
52. Ce n'est pas un drame : ce n'est pas grave.

Basile sort son téléphone, certain que ses photos vont les impressionner. La première est le selfie de groupe devant la tombe de Merlin.

– Ah, vous avez quand même trouvé la réponse à la première énigme, dit Mme Cloarec en souriant, c'est bien.

On voit sur les autres photos Basile qui rit, Basile qui fait une drôle de tête, Basile qui a l'air terrifié. La vidéo montre les quatre adolescents qui courent dans la forêt. Mais rien sur Merlin, Viviane, le dragon ou les créatures fantastiques.

– Vous vous êtes bien amusés au moins et vous êtes d'excellents acteurs.

– Je ne comprends pas. On a vraiment vécu tout ça.

– Ne perdons pas plus de temps, conclut le professeur de français. On nous attend à l'intérieur du château pour une visite du Centre de l'Imaginaire Arthurien et pour une conférence.

Tout le monde se dirige vers le musée. Les quatre amis retiennent M. Le Goff.

– Mais monsieur… c'est vrai, nous avons été dans un autre monde. Celui des légendes de…

– Inutile d'insister, Audrey. La forêt de Brocéliande réserve parfois d'étranges aventures, je le sais. Vous nous avez bien fait rire mais maintenant, ça suffit. Au fait, Norah, où est ton perroquet ?

– Dans la forêt. J'espère…

Chapitre 6

De vrais amis

Les quatre amis sont déçus. Ils ont vécu une histoire extraordinaire et personne ne les croit.

Ils rejoignent leurs camarades dans le château de Comper. Un guide accompagne le groupe à travers une exposition sur les personnages des légendes. Lorsqu'ils sont dans la dernière pièce, un homme avec une pile de livres dans les mains bouscule Norah. L'un des ouvrages tombe au pied de la jeune fille. Norah le ramasse pour le rendre mais l'homme est déjà sorti. Le livre est vieux et plein de poussière. Elle lit le titre et reçoit un choc : *Le sortilège de Merlin*. Norah n'en croit pas ses yeux[53] : des phrases apparaissent sur le papier comme par magie.

Norah se tourne vers ses amis :

– Regardez ! Notre livre ! Notre histoire ! Le texte continue de s'écrire. Comment est-ce possible ?

Norah lit à haute voix :

---

53. N'en croit pas ses yeux : a du mal à réaliser que la situation est bien réelle.

« Alex tend la main à Merlin et lui dit :

– Je sais comment vous libérer.

Le vieux magicien sourit et lui répond :

– Si tu m'aides, tu risques de ne jamais revenir dans ton monde.

– Je suis prêt à prendre le risque, répond Alex. »

Où est Alex ? demande Norah, inquiète.

– Je ne l'ai pas vu depuis le début de la visite, répond Audrey.

– Il voulait rester un peu dehors, il ne se sentait pas bien, précise Basile.

– Oh, non ! Il est retourné au tombeau de Merlin ! Il veut échanger sa place avec celle de Merlin ! Il faut l'en empêcher[54] !

Ils voudraient demander de l'aide à leurs camarades de classe mais changent d'avis. Les autres vont encore se moquer d'eux.

Les trois adolescents quittent le château et retournent au Miroir aux Fées. Basile plonge dans l'eau sans attendre les deux filles. Celles-ci hésitent. Cet étang est-il vraiment une porte vers un monde imaginaire ?

Une minute plus tard, la tête de Basile réapparaît.

– Je ne trouve pas de passage. J'y retourne.

Audrey et Norah essaient de le suivre des yeux

---

54. L'en empêcher : l'arrêter.

mais l'eau est trop sombre. Trois fois de suite, Basile remonte à la surface, prend une grande inspiration et plonge de nouveau. Il annonce à chaque fois n'avoir rien trouvé. La quatrième fois, Norah lui crie :

– Arrête Basile, inutile de continuer. Sors de l'eau !

Le garçon écoute son amie et s'allonge dans l'herbe.

– Je ne comprends pas ! Tout est noir là-dessous… impossible de trouver !

– Et tu es tout mouillé.

Audrey et Basile regardent Norah avec interrogation : il est mouillé, bien sûr, on est mouillé quand on nage dans l'eau. Pourquoi dit-elle cela ?

– Vous n'avez pas remarqué ? Nous étions secs après notre premier passage dans cet étang.

– C'est vrai ça ? Pourquoi ?

– Je ne sais pas, continue Norah. Il y a sans doute

une explication dans le monde des légendes. Mais pas ici. Ou alors…

Norah consulte la dernière page du livre. Le mot « FIN » est écrit en majuscules. Leur histoire est terminée.

– C'est pour ça que nous ne pouvons plus retourner dans l'autre monde, l'histoire est terminée…

– Mais Alex, où est-il ?

Basile et Audrey s'assoient de chaque côté de Norah. Celle-ci tient le livre ouvert sur ses genoux. Ils lisent ensemble les derniers paragraphes.

« Alex et Merlin sont devant les trois grosses pierres qui ferment le tombeau. Au sol, des dizaines de petites pierres à demi-enterrées forment un cercle. Merlin a tout essayé pour franchir[55] ce cercle sans jamais réussir. Ses pouvoirs ne fonctionnent pas pour détruire la barrière invisible qui bloque le passage.

– Quelle barrière ? demande Alex.

– Tu ne peux pas la voir. Elle est invisible. J'ai expliqué à Viviane comment en faire une.

– Existe-t-elle cette barrière ?

– Mais bien sûr ! se fâche Merlin.

– Vous êtes le plus fort, Merlin. Viviane ne peut pas créer une barrière pour vous garder prisonnier.

– Je ne comprends pas, qu'est-ce que tu veux dire ?

---

55. Franchir : passer.

– *Viviane est rusée[56] mais pas plus puissante que vous. Cette barrière est invisible car elle n'existe pas.*

Merlin se sent idiot. Il soulève le pied droit au-dessus du cercle de pierres et le pose de l'autre côté. Il fait de même avec le pied gauche et sort de sa prison. FIN »

– C'est tout ? demande Basile. Et Alex ?

Il arrache le livre des mains de Norah et tourne les pages. Mais c'est bien la fin de l'histoire. Il n'y a pas de précisions sur Alex. Norah se met à pleurer.

– On ne peut pas le laisser là-bas, hurle Norah. Je veux revoir Alex.

– On ne sait même pas où c'est « là-bas », tente de la calmer Audrey. Alex a fait son choix.

– Un drôle de choix, conclut Basile. Un drôle de type, aussi. Mais je le trouvais sympa. Tout à fait un ami pour moi.

Les trois camarades se serrent les uns contre les autres.

– Je le pense aussi, dit une voix derrière eux.

Norah, Basile et Audrey se retournent. Alex ! Ils se précipitent sur lui. Audrey lui saute au cou, Basile l'écrase entre ses bras et Norah le couvre de baisers.

– Doucement, doucement, je vous ai manqué à ce point ?

– Pourquoi n'es-tu pas resté là-bas ? demande Norah.

---

56. Rusée : intelligente.

– J'ai hésité. Mais je ne pouvais pas les laisser seuls dans ce monde-ci.

– Qui ça ?

– Mes vrais amis : vous !

Alex leur raconte tous les détails de la libération de Merlin. Le magicien peut de nouveau parcourir Brocéliande comme il veut et a promis de faire la paix avec Viviane.

– Si je comprends bien, dit Audrey, « tout est bien qui finit bien ».

– Sauf pour mon VTT, précise Basile.

– Ton vélo ! J'avais oublié, s'excuse Alex.

Alex disparaît quelques instants derrière les arbres et revient avec le VTT de Basile.

– Mais, comment est-ce possible ?

– Merlin a vraiment des pouvoirs extraordinaires. Il a suffi d'une seule formule magique pour le faire réapparaître. J'ai aussi refait un tour dans le château. Il existe de nouveau et la bibliothèque est à nouveau pleine de livres.

– Et Wiki ? demande tout de suite Norah.

– Appelle-le pour voir !

Norah siffle trois fois, comme à son habitude.

Immédiatement, le perroquet sort de la forêt et se pose sur son épaule. La jeune fille caresse la tête de Wiki avec tendresse.

– Alex, tu es génial !

– Ce n'est pas fini…

Alex sort son téléphone portable de sa poche et leur montre une photo de Merlin. Voilà la preuve de leur voyage au pays des légendes de la forêt de Brocéliande ! Mais ils décident de ne pas la montrer. Cette photo sera leur secret.

Le retour vers le château de Comper est joyeux. Basile est très content de son vélo qui roule « super bien ». Audrey lui propose de faire la course. Norah en profite pour prendre la main d'Alex et la serrer très fort. Le garçon n'hésite pas longtemps avant de lui adresser son plus beau sourire.

Activités

Chapitre 1

Une drôle d'équipe

1. Lisez les affirmations et cochez vrai ou faux. Justifiez.

	Vrai	Faux
1. M. Le Goff et Mme Cloarec sont les professeurs de français et d'EPS.	✓	
2. Tous les participants à la course sont déguisés.		✓
3. Le but de la course est d'arriver en premier au château de Comper.	✓	
4. Le carnet des professeurs contient les solutions des énigmes.	✓	
5. Norah veut réfléchir pour partir dans la bonne direction.	✓	

2. Associez les descriptions aux personnages correspondants de la « drôle d'équipe ». Soulignez la ou les description(s) qui ne correspond(ent) pas à un membre de la « drôle d'équipe ».

Norah

Audrey

Basile

Alex

- **a.** veut faire le tour du monde.
- **b.** est très populaire.
- **c.** a pour surnom « Madame Je-sais-tout ».
- **d.** aime le sport.
- **e.** fait du VTT.
- **f.** est un nouvel élève.
- **g.** est fluette.
- **h.** a un perroquet.
- **i.** pèse 90 kilos.
- **j.** porte une fausse barbe blanche.
- **k.** communique avec les arbres.
- **l.** a une très bonne culture générale.
- **m.** consulte le carnet des professeurs.
- **n.** est un fan d'informatique.
- **o.** est habillée en tenue de sport.

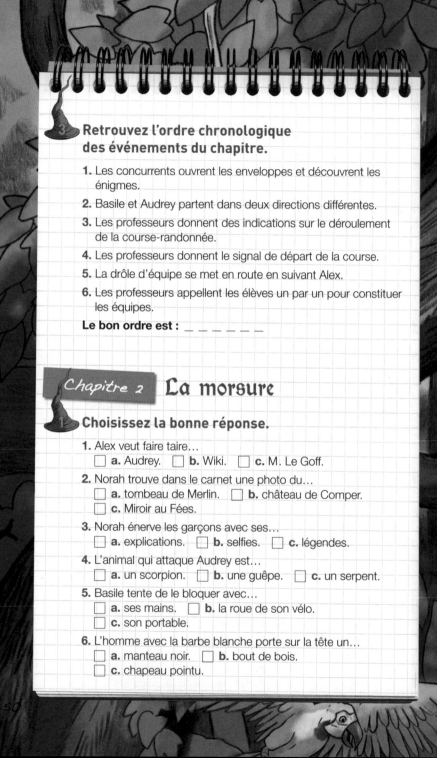

Retrouvez l'ordre chronologique des événements du chapitre.

1. Les concurrents ouvrent les enveloppes et découvrent les énigmes.

2. Basile et Audrey partent dans deux directions différentes.

3. Les professeurs donnent des indications sur le déroulement de la course-randonnée.

4. Les professeurs donnent le signal de départ de la course.

5. La drôle d'équipe se met en route en suivant Alex.

6. Les professeurs appellent les élèves un par un pour constituer les équipes.

Le bon ordre est : _ _ _ _ _ _

Chapitre 2 — La morsure

Choisissez la bonne réponse.

1. Alex veut faire taire…
   - ☐ **a.** Audrey. ☐ **b.** Wiki. ☐ **c.** M. Le Goff.

2. Norah trouve dans le carnet une photo du…
   - ☐ **a.** tombeau de Merlin. ☐ **b.** château de Comper.
   - ☐ **c.** Miroir au Fées.

3. Norah énerve les garçons avec ses…
   - ☐ **a.** explications. ☐ **b.** selfies. ☐ **c.** légendes.

4. L'animal qui attaque Audrey est…
   - ☐ **a.** un scorpion. ☐ **b.** une guêpe. ☐ **c.** un serpent.

5. Basile tente de le bloquer avec…
   - ☐ **a.** ses mains. ☐ **b.** la roue de son vélo.
   - ☐ **c.** son portable.

6. L'homme avec la barbe blanche porte sur la tête un…
   - ☐ **a.** manteau noir. ☐ **b.** bout de bois.
   - ☐ **c.** chapeau pointu.

2 Répondez aux devinettes puis trouvez le mot mystère à l'aide des lettres soulignées en rouge.

1. Il entoure les quatre amis et il est épais : B _ _ _ _ _ _ _ _ _

2. Elles sont trois et elles gardent le secret : _ _ _ _ R _ _

3. Audrey est une fille et pas un : _ _ _ _ _ N

4. Un oiseau tropical : _ _ R _ _ _ _ _ _

5. Il porte une barbe blanche et un chapeau pointu : _ _ _ L _ _

6. Plus enfant et pas encore adulte : _ _ O _ _ _ _ _ _

7. Elle fait souffrir Audrey : M _ _ _ _ _ _

Mot mystère : _ _ _ _ _ _ _

3 Retrouvez quel personnage dit les phrases suivantes.

1. « Il y a un bouton pour le faire taire, ce piaf ? »

2. « Un peu de respect. C'est une tombe. »

3. « Ah ! Ma jambe ! On m'a piquée ! »

4. « Oh, tais-toi ! »

5. « Vous avez besoin d'aide ? »

Chapitre 3 — Les disparus

1 Cochez la bonne réponse.

1. L'homme à la barbe blanche est…
☐ **a.** M. Le Goff déguisé.   ☐ **b.** Merlin l'Enchanteur.
☐ **c.** Lancelot du Lac.

2. La grande salle de Merlin se trouve…
☐ **a.** dans un arbre.   ☐ **b.** au château de Comper.
☐ **c.** sous la terre.

3. Merlin prépare…

☐ **a.** une potion. ☐ **b.** un sandwich. ☐ **c.** un thé.

4. Les amis se rendent…

☐ **a.** au point de départ. ☐ **b.** au point d'arrivée.
☐ **c.** à leur lycée.

5. La plaque sur le dolmen indique que les quatre jeunes…

☐ **a.** ont disparu. ☐ **b.** ont gagné la course.
☐ **c.** ont perdu la course.

Remettez les mots des questions dans le bon ordre puis répondez.

1. la grande salle de Merlin ? – Combien de – descendre – pour – marches – faut – arriver – dans – il

....
....

2. prépare – potion ? – la – Qui

....
....

3. le monde – se moquer – va – tout – Pourquoi – d'eux ?

....
....

4. du tombeau – pour aller – de temps – au château de Comper ? – Combien – de Merlin – faut – il

....
....

5. est – la plaque ? – Où

....
....

Complétez avec le bon chiffre.

| cent | sept | quatre | six | trois | un | vingt |

1. L'escalier est apparu entre les .... pierres.

2. Ils descendent .... marches avant d'entrer dans la salle.

3. Les .... adolescents boivent de la potion.

4. Ils arrivent au château après . . . . minutes de marche.

5. La plaque indique qu'ils ont disparu le . . . . septembre 2016.

Trouvez les mots cachés dans la grille.

v	r	b	i	e	l	n	p	o	u	f	h	e
a	r	a	c	c	o	u	r	c	i	e	n	t
n	e	r	i	z	u	j	c	h	u	r	t	w
y	d	b	o	u	r	h	g	a	t	k	a	d
t	y	e	f	g	h	l	o	u	m	n	b	u
o	i	l	c	u	e	a	q	d	z	u	f	g
a	c	c	m	o	r	s	u	r	e	n	t	k
l	u	i	t	d	e	n	m	o	r	f	u	i
q	i	r	s	e	r	p	e	n	t	i	s	v
h	a	c	e	r	b	u	n	o	t	r	i	s

1. Elle est blanche et ne tombe pas quand Basile tire dessus.

2. Il est rempli d'un liquide vert et rouge.

3. Merlin le félicite de son travail.

4. Les amis prennent ce chemin plus court pour gagner du temps.

5. Elle a disparu de la jambe d'Audrey.

Chapitre 4 # Le Livre de leur histoire

Choisissez la bonne réponse.

1. Que sont en train de faire les cinq adultes qui passent en riant ?

☐ **a.** Ils font de la course à pied.

☐ **b.** Ils cherchent les élèves perdus.

☐ **c.** Ils visitent le musée.

2. Qui s'appelle Mikou ?
- ☐ **a.** Le perroquet de Norah.
- ☐ **b.** Le chien de la vieille dame. ☐ **c.** Le prof de français.

3. En quoi les adolescents se transforment-ils ?
- ☐ **a.** En vampires. ☐ **b.** En personnages de contes.
- ☐ **c.** En animaux sauvages.

4. Qu'a fait la fée Viviane ?
- ☐ **a.** Elle a enfermé Merlin. ☐ **b.** Elle a mordu Audrey.
- ☐ **c.** Elle a organisé la course.

5. Pourquoi les amis s'enfuient-ils du château ?
- ☐ **a.** Il est 18 heures et il va fermer. ☐ **b.** Il s'effondre.
- ☐ **c.** Ils ont cours de français.

Associez pour former des phrases correctes.

1. Basile arrête son vélo devant les sportifs •	• **a.** et Alex est propulsé dans les airs.
2. Une dame sort du château, •	• **b.** mais aussi la Dame du lac.
3. Les quatre amis ont soudain peur •	• **c.** elle tient un chien en laisse.
4. La fée s'appelle Viviane, •	• **d.** mais ils le traversent facilement.
5. Basile freine violemment •	• **e.** car ils sont en 2022 !

Complétez le texte avec les mots proposés. Entourez les mots qui conviennent.

Les quatre amis entendent des (1) de l'autre côté du (2). Ce sont cinq (3) qui font un jogging. Basile se place (4) mais les personnes (5) son corps. Audrey essaie (6) le bras d'une vieille dame : impossible ! La drôle d'équipe est entrée dans le monde des (7) !

1. pleurs	rires	cris
2. château	lycée	lac
3. enfants	adultes	adolescents

4. derrière eux   loin d'eux   devant eux

5. tombent   s'effondrent   traversent

6. d'attraper   de manger   de transpercer

7. monstres   légendes   fantômes

Répondez aux devinettes.

1. Elle est située au deuxième étage et est remplie de livres.

. . . .

2. Elle est magique et flotte dans les airs.

. . . .

3. Des papillons volent au-dessus de sa tête.

. . . .

4. Elles poursuivent les quatre adolescents dans le château.

. . . .

Chapitre 5 Bons derniers

Corrigez les mots soulignés pour rendre ces affirmations exactes.

1. Les quatre amis arrivent les <u>premiers</u> au château :
ils ont <u>gagné</u> !

. . . .

2. La <u>voix</u> d'un téléphone <u>endort</u> Basile.

. . . .

3. Tout s'est <u>mal</u> passé. Ils ont <u>perdu</u> la première épreuve.

. . . .

4. Audrey a <u>tort</u>, ils sont sur le <u>ventre</u> d'un dragon.

. . . .

5. Après dix <u>heures</u>, le chemin devient <u>facile</u>.

. . . .

Répondez aux questions.

1. Pourquoi les adolescents sont-ils épuisés en sortant du château ?

....

2. Pourquoi ne prennent-ils pas le temps de se reposer ?

....

3. Comment savent-ils qu'ils sont revenus dans le présent ?

....

4. Comment leurs camarades les accueillent-ils ?

....

5. Que pense M. Le Goff de leur histoire ?

....

6. Que font tous les élèves après la course ?

....

Complétez la grille de mots.

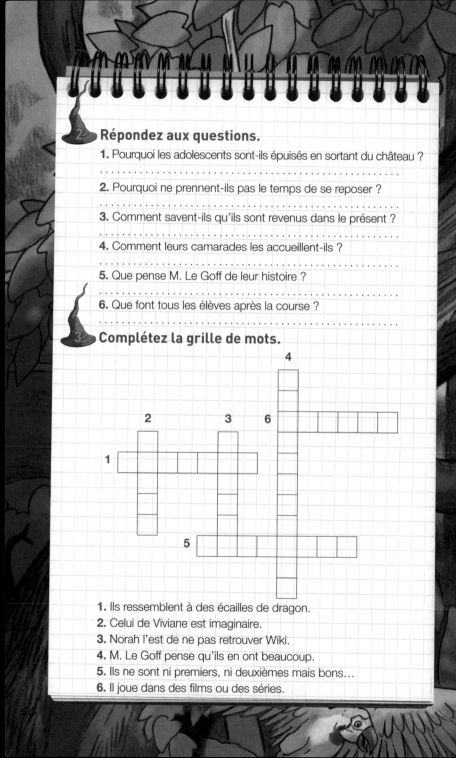

1. Ils ressemblent à des écailles de dragon.

2. Celui de Viviane est imaginaire.

3. Norah l'est de ne pas retrouver Wiki.

4. M. Le Goff pense qu'ils en ont beaucoup.

5. Ils ne sont ni premiers, ni deuxièmes mais bons…

6. Il joue dans des films ou des séries.

Associez pour former des phrases correctes.

1. Norah, Audrey, Basile et Alex… •
2. Basile… •
3. Norah… •
4. Audrey… •
5. Alex… •
6. Le dragon… •

• **a.** se sent bien dans ce monde.
• **b.** a raison : ils sont sur le dos d'un dragon !
• **c.** frappent le livre en même temps.
• **d.** les renifle un par un.
• **e.** a perdu son perroquet.
• **f.** filme avec son téléphone.

Chapitre 6 — De vrais amis

Choisissez l'affirmation exacte.

1. ☐ **a.** Les quatre amis sont déçus et retournent chez eux.
   ☐ **b.** Basile est déçu et reste à l'extérieur du château.
   ☐ **c.** Les adolescents font la visite de l'exposition avec un guide.

2. ☐ **a.** L'écriture apparaît toute seule sur les pages du livre.
   ☐ **b.** Norah ramasse le livre et le remet dans la bibliothèque.
   ☐ **c.** Les quatre amis lisent le livre ensemble.

3. ☐ **a.** Basile rejoint le monde des légendes quand il plonge dans l'étang.
   ☐ **b.** Les filles sont surprises : Basile est mouillé !
   ☐ **c.** Il est impossible pour les trois amis de rejoindre Alex.

4. ☐ **a.** Alex aide Merlin à casser la barrière de sa prison.
   ☐ **b.** Merlin explique à Alex comment sortir de sa prison.
   ☐ **c.** La barrière de la prison n'existe pas.

5. ☐ **a.** Alex a retrouvé le vélo de Basile dans le château.
   ☐ **b.** Merlin a fait réapparaître Wiki.
   ☐ **c.** Alex et Norah partent main dans la main.

Remettez les mots des phrases dans le bon ordre puis dites si c'est vrai ou faux.

1. personnages sur les porte L'exposition légendes. des

....

2. surface remonte respirer. Basile à la pour

....

3. de sa n'arrive à pas sortir prison. Merlin

....

4. bien finit est Tout qui bien.

....

5. sera leur Merlin La secret. photo de

....

Complétez avec la bonne partie du corps.

dos   yeux   main   cou   tête   genoux   pied   oreilles

1. Norah n'en croit pas ses ....

2. Basile plonge la .... la première.

3. Audrey tient le livre sur ses ....

4. Merlin soulève le .... droit.

5. Audrey lui saute au ....

6. Alex lui serre fort la ....

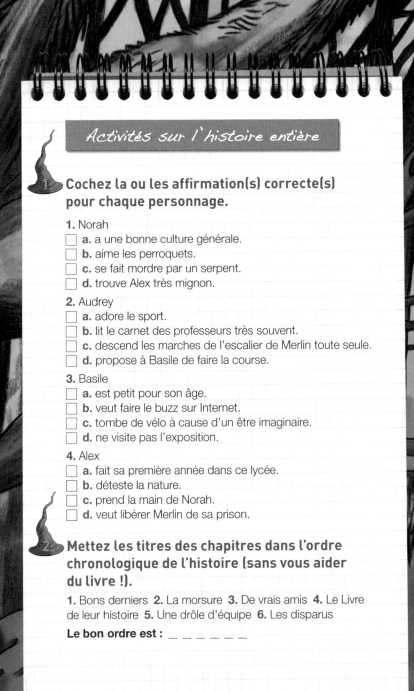

Activités sur l'histoire entière

Cochez la ou les affirmation(s) correcte(s) pour chaque personnage.

1. Norah
- [ ] **a.** a une bonne culture générale.
- [ ] **b.** aime les perroquets.
- [ ] **c.** se fait mordre par un serpent.
- [ ] **d.** trouve Alex très mignon.

2. Audrey
- [ ] **a.** adore le sport.
- [ ] **b.** lit le carnet des professeurs très souvent.
- [ ] **c.** descend les marches de l'escalier de Merlin toute seule.
- [ ] **d.** propose à Basile de faire la course.

3. Basile
- [ ] **a.** est petit pour son âge.
- [ ] **b.** veut faire le buzz sur Internet.
- [ ] **c.** tombe de vélo à cause d'un être imaginaire.
- [ ] **d.** ne visite pas l'exposition.

4. Alex
- [ ] **a.** fait sa première année dans ce lycée.
- [ ] **b.** déteste la nature.
- [ ] **c.** prend la main de Norah.
- [ ] **d.** veut libérer Merlin de sa prison.

Mettez les titres des chapitres dans l'ordre chronologique de l'histoire (sans vous aider du livre !).

1. Bons derniers **2.** La morsure **3.** De vrais amis **4.** Le Livre de leur histoire **5.** Une drôle d'équipe **6.** Les disparus

Le bon ordre est : _ _ _ _ _ _

Imaginez un autre titre pour chacun des chapitres.

Chapitre 1 : ....

Chapitre 2 : ....

Chapitre 3 : ....

Chapitre 4 : ....

Chapitre 5 : ....

Chapitre 6 : ....

Répondez aux questions.

1. Quel est le but de la randonnée ?

....

2. Pourquoi Merlin demande à son serpent de mordre
Audrey ?

....

3. Pourquoi la vieille dame avec le chien ne voit-elle pas
les quatre amis ?

....

4. Comment la « drôle d'équipe » revient-elle
dans le monde réel ?

....

5. Qu'est-ce qui empêche Merlin de sortir de sa prison ?

....

6. Que rapporte Alex du monde de Merlin à la fin
de l'histoire ?

....

La Bretagne

La Bretagne, c'est…

… le nez de la France ! Regardez une carte de France ; la région n'est pas difficile à trouver : elle s'avance à l'ouest vers l'océan Atlantique et la Manche. D'ailleurs, l'un des départements qui la composent s'appelle le Finistère (la « fin de la terre »). Ses trois plus grandes villes sont Brest, Rennes et Quimper.

… les Celtes ! Ce peuple venu d'Angleterre s'est installé dès les années 400 dans cette région. Aujourd'hui, plus de quatre millions d'habitants (les Bretons) peuplent cette région. Certains parlent le breton, langue enseignée aujourd'hui encore dans des écoles bilingues. Ils ne disent pas « Bretagne » ou « bonjour » mais « Breizh » et « deiz mat ».

… la musique ! Les bagads sont des groupes de musiciens jouant deux instruments traditionnels : le biniou et la bombarde. Jamais entendu ? Rendez-vous alors dans un des nombreux fest-noz, les grandes fêtes dansantes. Le musicien Alan Stivell ou le groupe Tri Yann ont rendu célèbre la musique bretonne.

… les crêpes ! Sucrées ou salées (les galettes), on en trouve de très différentes dans les nombreuses crêperies. Mais rien ne vous empêche de préférer le far (gâteau à base de farine, de sucre, de lait et d'œufs), le kouign-amann (gâteau au beurre) ou le kig ar farz (un plat de viande, de légumes et de far).

… des légendes ! Chaque paysage breton est le théâtre de jeu de créatures bienveillantes ou malveillantes (korrigan, Ankou, fées, etc.) et d'autres épopées du Moyen Âge comme la plus célèbre : la légende d'Arthur et la quête du Graal.

… des sites magnifiques ! La pointe du Raz, la forêt de Brocéliande, Carnac, Saint-Malo, Ploumamac'h, etc.

Lisez les affirmations et cochez vrai ou faux.

	Vrai	Faux
1. La Bretagne est située au sud-est de la France.	☐	☐
2. La langue bretonne est encore parlée aujourd'hui.	☐	☐
3. Le fest-noz est un gâteau à base de beurre.	☐	☐
4. Le korrigan est un instrument de musique.	☐	☐

Lisez les devinettes suivantes puis faites des recherches sur Internet pour trouver à quels sites historiques bretons ci-dessous elles correspondent.

La Pointe du Raz   La Côte de Granit Rose   Saint-Malo   Carnac

1. L'île de Sein et le phare Ar Men lui font face. Attention aux vagues et au vent !

2. On y trouve près de trois mille menhirs alignés dans la campagne. Où est-ce ?

3. C'est la ville des corsaires ! Le plus célèbre, Surcouf, y est né !

4. De très nombreux touristes viennent admirer ses rochers roses.

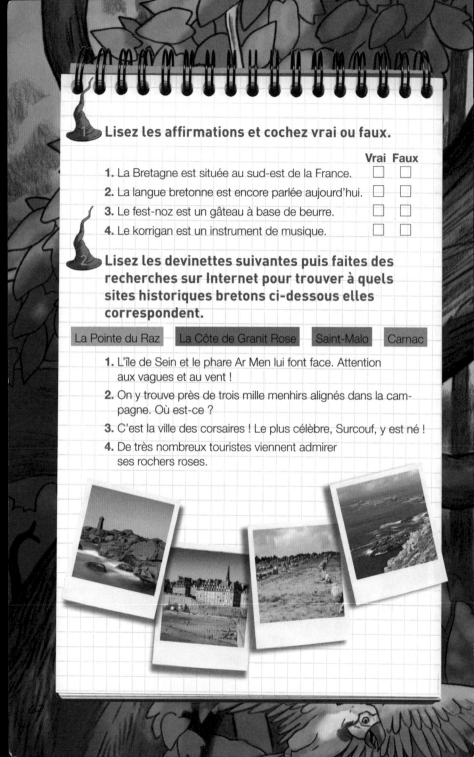

Corrigés

Chapitre 1

Activité 1 : 1 V – 2 F (seuls les professeurs sont déguisés) –
3 V – 4 F (le carnet des professeurs contient des indices) – 5 V.
Activité 2 : Norah : c, g, h, l, m ; Audrey : a, b, d ; Basile :
e, i, n ; Alex : f, k. Intrus : j. porte une fausse barbe blanche
(M. Le Goff), o. est habillée en tenue de sport (Mme Cloarec).
Activité 3 : 3 – 6 – 4 – 1 – 2 – 5.

Chapitre 2

Activité 1 : 1. b – **2.** a – **3.** a – **4.** c – **5.** b – **6.** c. **Activité 2 :**
1. brouillard – **2.** pierres – **3.** garçon – **4.** perroquet – **5.** Merlin –
6. adolescent – **7.** morsure. **Mot mystère :** légende. **Activité 3 :**
1. Alex – **2.** Norah – **3.** Audrey – **4.** Basile et Alex – **5.** Merlin.

Chapitre 3

Activité 1 : 1. b – **2.** c – **3.** a – **4.** b – **5.** a. **Activité 2 :**
1. Combien de marches faut–il descendre pour arriver dans
la grande salle de Merlin ? – une centaine. **2.** Qui prépare la
potion ? – Merlin. **3.** Pourquoi tout le monde va se moquer
d'eux ? – parce qu'ils sont les derniers. **4.** Combien de temps
faut-il pour aller du tombeau de Merlin au château de Comper ?
– vingt minutes. **5.** Où est la plaque ? – Sur un dolmen.
Activité 3 : 1. trois – **2.** cent – **3.** quatre – **4.** vingt – **5.** six.
Activité 4 : 1. barbe – **2.** chaudron – **3.** serpent – **4.** raccourci –
5. morsure.

Chapitre 4

Activité 1 : 1. a – **2.** b – **3.** b – **4.** a – **5.** b. **Activité 2 : 1.** d – **2.** c
– **3.** e – **4.** b – **5.** a. **Activité 3 : 1.** rires – **2.** château – **3.** adultes
– **4.** devant eux – **5.** traversent – **6.** d'attraper – **7.** légendes.
Activité 4 : 1. bibliothèque – **2.** Excalibur – **3.** la fée Viviane –
4. créatures maléfiques.

Chapitre 5

Activité 1 : 1. derniers – perdu ; **2.** sonnerie – réveille ; **3.** bien
– réussi ; **4.** raison – dos ; **5.** minutes – difficile. **Activité 2 :**
1. ils ont couru et eu peur – **2.** Ils sont attendus par la fée
– **3.** Grâce à la date sur le téléphone. **4.** Avec des sifflets. –
5. Il ne les croit pas. – **6.** Ils visitent le château. **Activité 3 :**
1. rochers – **2.** monde – **3.** triste – **4.** imagination – **5.** derniers
– **6.** acteur. **Activité 4 : 1.** c – **2.** f – **3.** e – **4.** b – **5.** a – **6.** d.

Chapitre 6

Activité 1 : 1. c – **2.** a – **3.** c – **4.** c – **5.** c. **Activité 2 :**
1. L'exposition porte sur les personnages des légendes. –
2. Basile remonte à la surface pour respirer. – **3.** Merlin n'arrive
pas à sortir de sa prison. – **4.** Tout est bien qui finit bien. –
5. La photo de Merlin sera leur secret. **Activité 3 : 1.** yeux –
2. tête – **3.** genoux – **4.** pied – **5.** cou – **6.** main.

Activités sur l'histoire entière

Activité 1 : 1. a – b – d ; **2.** a – d ; **3.** b – c ; **4.** a – c – d.
Activité 2 : 5 – 2 – 6 – 4 – 1 – 3. **Activité 3 :** Réponses
libres. *Exemples :* **1.** La rando annuelle – **2.** Maudit serpent !
– **3.** Rêve ou réalité ? – **4.** Le château de cristal – **5.** Sauvés !
– **6.** Tout est bien qui finit bien. **Activité 4 : 1.** Arriver en
premier au château de Comper. – **2.** Pour prendre la place
des adolescents dans le monde réel. – **3.** Ils sont devenus des
personnages des légendes. – **4.** En détruisant le Livre de leur
histoire. – **5.** Rien ! – **6.** Le perroquet et le VTT.

Culture

Activité 1 : 1. F (à l'ouest) – **2.** V – **3.** F (c'est une fête
dansante) – **4.** F (c'est une créature de légende). **Activité 2 :**
1. La Pointe du Raz – **2.** Carnac – **3.** Saint-Malo – **4.** La Côte
de Granit Rose.